CATALOGUE

DE

TABLEAUX ANCIENS

DESSINS ET AQUARELLES

Beau Christ en ivoire

Meubles, Rideaux, Linge, Argenterie, Bijoux,
Armes, Bronzes, etc.

DONT LA VENTE AURA LIEU

Par suite d'acceptation bénéficiaire et après décès du
PRINCE DE SALM DE KYRBURG

HOTEL DROUOT, SALLE N° 2,

Les Lundi 23, Mardi 24 et Mercredi 25 Mai 1887,

A deux heures.

COMMISSAIRE-PRISEUR   EXPERT

Me HENRI OUDARD	M. E. FÉRAL, peintre
18, rue des Pyramides.	54, Faubourg-Montmartre.

Chez lesquels se trouve le présent Catalogue.

EXPOSITIONS PUBLIQUES

Les Samedi 21 et Dimanche 22 Mai 1887.
De une heure et demie à cinq heures.

CONDITIONS DE LA VENTE

La vente sera faite au comptant.

Les acquéreurs payeront *cinq pour cent* en sus des enchères applicables aux frais

VENTE AUX ENCHÈRES PUBLIQUES

Par suite d'acceptation bénéficiaire et après décès du

PRINCE DE SALM DE KYRBURG.

Les Lundi 23, Mardi 24 et Mercredi 25 Mai 1887

HOTEL DROUOT, SALLE N° 2

TABLEAUX
ANCIENS

DESSINS ET AQUARELLES

BEAU CHRIST EN IVOIRE

MEUBLES, RIDEAUX, LINGE, ARGENTERIE, BIJOUX,

BRONZES, ARMES, ETC.

EXPOSITIONS PUBLIQUES

LES SAMEDI 21 ET DIMANCHE 22 MAI 1887

De une heure et demie à cinq heures.

COMMISSAIRE-PRISEUR	EXPERT
M⁰ HENRI OUDARD	**M. E. FÉRAL, peintre,**
18, rue des Pyramides, 18.	54, faubourg Montmartre, 54

IMPRIMERIE D. DUMOULIN & Cte

Rue des Grands-Augustins, 5, Paris.

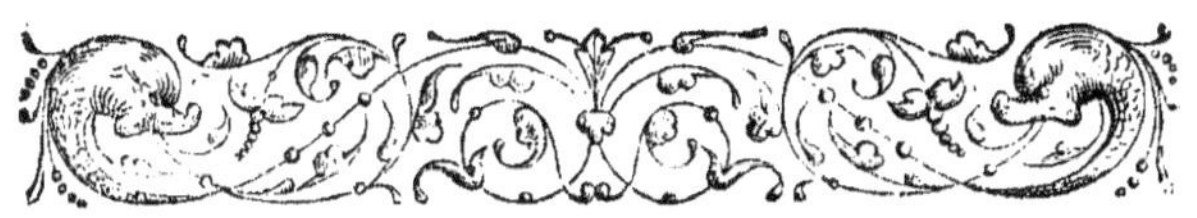

DÉSIGNATION

TABLEAUX ANCIENS

ALONZO CANO

1 — *La Vierge en buste.*

ANDRIEUX

2 — *Après la bataille.*

ARTOIS (Van)

3 — *Paysage avec figures.*

BACHELIER

4 — *Portrait d'un officier.*

Il est assis, la tête de profil, le bras gauche appuyé sur
le dossier d'une chaise.

BASSAN

5 — *L'Hiver.*

BERGHEM (genre de N.)

6 — *Le Passage du gué.*

Des bergers passent un cours d'eau, chassant devant eux des vaches, des chèvres et des moutons.

BILCOQ

7 — *Légumes et ustensiles de cuisine.*

BILCOQ

8 — *Famille dans un intérieur.*

BOILLY (L.)

9 — *La Partie de dames.*

BOUCHER (genre de F.)

10 — *Bethsabée au bain.*

BOUCHER (d'après F.)

11 — *Mère et ses enfants.*

BRAMER

12 — *Femme âgée.*

BRAUWER (attribué à ADR.)

13 — *Portrait présumé de l'artiste.*

BRÉDEL

14 — *Attaque d'un convoi.*

BRÉDEL

15 — *Bataille auprès d'un pont.*

BREENBERGH (B.)

16 — *Paysage avec monuments en ruine.*
Soleil couchant.

BREUGHEL

17 — *Paysage avec rivière et rochers; figures et animaux, au premier plan.*

CARAVAGE

18 — *Prométhée attaché au rocher.*

CARRACHE

19 — *Paysage avec figures et animaux au bord d'une rivière.*

CHAMPAGNE (attribué à PHILIPPE)

20 — *Portrait de femme vêtue de noir.*

CHARDIN (genre de)

21 — *Le Déjeuner.*

COQUES (genre de GONZALÈS)

22 — *Jeune fille tenant des fleurs.*

CREPIN

23 — *Vue de Saint-Germain en Laye.*

CRIVELLI

(DEUX PENDANTS)

24 — *Sujets de chasse.*

DE HEEM (Corneille)

25 — *Des huîtres, un citron, des grappes de raisin, dans un plat posé sur une table auprès d'une orange.*

DIETRICH (Ch.)

26 — *Une baigneuse.*

DUJARDIN (attribué à Karel)

27 — *Le Marchand de liqueurs.*

Il est debout, auprès d'une fontaine, versant à boire à deux voyageurs.

FRAGONARD (Genre de)

28 — *Le Rêve.*

Esquisse.

GAAL (Barent)

29 — *Chevaux à l'abreuvoir.*

GÉRARD (Mlle Marguerite)

30 — *Portrait présumé de la reine Hortense.*

GOLTZIUS

31 — *Le Calvaire.*

GREUZE (attribué à J.-B.)

32 — *Portrait du duc de Cambacérès.*

GREUZE (d'après J.-B.)

33 — *Tête de jeune fille.*

GUERCHIN (Barbiéri dit le)

34 — *Saint Pierre.*

Fragment de tableau.

GUIDO RENI

35 — *Sainte Agathe.*

HALS (Dirck)

36 — *Le Concert.*

Une femme et un gentilhomme sont assis auprès d'une table, écoutant un musicien qui pince de la mandoline. Au second plan, deux personnages causant.

HALS (attribué à FRANS)

37 — *Portrait d'artiste.*

HEEMSKERK

38 — *Le Benedicite.*

HEEMSKERK

(PENDANT DU PRÉCÉDENT)

39 — *Buveurs et fumeurs.*

HONTHORST (GÉRARD)

40 — *Jeune femme, vue à mi-corps.*

HORÉMANS (F.)

41 — *La Saignée.*

KASKIEL (PÉTERS)

42 — *Une vue de l'ancien Paris : La tour de Nesle et les bords de la Seine.*

LAIRESSE (Gérard de)

43 — *Diane et ses nymphes.*

LANFRANC

44 — *Saint Jérôme.*

Il est vu jusqu'à la ceinture, les mains croisées sur la poitrine.

MANFREDI

45 — *Hérodiade tenant la tête de saint Jean.*

MOREAU (Genre de L.)

46 — *Parc avec personnages.*

NETSCHER (Constantin)

47 — *Portrait de jeune fille.*

OSTADE (Genre d'Adr.)

48 — *Un buveur.*

PATEL (G.)

(DEUX PENDANTS)

49 — *Paysages avec ruines.*

PENS (G.)

50 — *La Conversion de saint Paul.*

PENS (G.)

51 — *Vision de l'empereur Constantin.*

PORBUS (Ecole de)

52 — *Portrait de jeune femme.*

PORBUS (Genre de)

53 — *Tête de femme âgée.*

RIGAUD (d'après H.)

54 — *Portrait de Bossuet.*

RUBENS (attribué à P.-P.)

55 — *La Vierge, l'Enfant-Jésus et saint Jean.*

La Vierge est assise tenant l'Enfant qui est debout sur
ses genoux, le jeune saint Jean, vu à mi-corps, regarde
l'Enfant Jésus et lui tient la main.

Belle peinture de l'époque. Riche cadre en bois sculpté.

RUBENS (d'après P.-P.)

56 — *La Sainte Famille.*

L'Enfant Jésus, couché dans un berceau auprès de la
Vierge, fait des caresses au petit saint Jean.

RUBENS (attribué à P.-P.)

57 — *Prométhée.*

Esquisse.

RUYSDAEL (genre de JACQUES)

58 — *Vue de Harlem.*

SAFTLEVEN

59 — *Sujet grotesque et allégorique.*

SWEBACH

60 — *Marche d'armée.*

TENIERS (attribué à D.)

61 — *Portrait d'un artiste.*

TENIERS (d'après D.)

62 — *Intérieur de tabagie.*

TIEPOLO (genre de)

63 — *Guerriers combattant.*

VALLIN

64. — *Tête de bacchante.*

VAN DE VELDE (genre de W.)

65 — *Marine avec bateaux à voiles.*

VAN DE VELDE (ISAIE)

66 — *Paysage avec figures et cavaliers.*

VÉNIUS (Otto)

67 — *Saint Jérôme.*

VERNET (Joseph)

(DEUX PENDANTS)

68 — *Le Calme et la Tempête.*

Jolis petits tableaux, signés.

VOS (Simon de)

69 — *Portrait, en buste, d'Isabelle II.*

WET (de)

70 — *Un sacrifice à Vénus.*

WIT (de)

71 — *Saint Jean et l'Enfant-Jésus.*

WYCK (Thomas)

72 — *Intérieur hollandais.*

Au centre, une femme assise ayant près d'elle ses deux fillettes. Au second plan, un petit garçon portant un plat.

WOUWERMAN (Pierre)

73 — *Attaque de cavaliers, à l'entrée d'un camp.*

WOUWERMAN (genre de)

74 — *Halte de chasseurs.*

ZICK

(DEUX PENDANTS)

75 — *La Déclaration. — La Séparation.*

ÉCOLE ESPAGNOLE

76 — *La Vierge présentant l'Enfant-Jésus à saint Ignace.*

ÉCOLE FLAMANDE

77 — *Le Christ en croix.*

Peinture de forme ovale.

ÉCOLE FRANÇAISE

78 — *Personnages costumés.*

ÉCOLE FRANÇAISE

79 — *Paysage avec figures et animaux.*

ÉCOLE HOLLANDAISE

80 — *Promenade en bateau.*

Gouache.

ÉCOLE HOLLANDAISE

(DEUX PENDANTS)

81 — *Intérieurs rustiques.*

Au premier plan, des légumes et des ustensiles de cuisine.

ÉCOLE HOLLANDAISE

82 — *Livres jetés sur une table.*

ÉCOLE HOLLANDAISE

(DEUX PENDANTS)

83 — *Marines.*

ÉCOLE HOLLANDAISE

84 — *La Vierge et l'Enfant-Jésus.*

Peinture sur bois, forme ovale.

ÉCOLE HOLLANDAISE

85 — *Paysage avec constructions en ruine.*

ÉCOLE HOLLANDAISE

86 — *Portrait d'enfant.*

Il est vu en pied, debout, un chien auprès de lui.

ÉCOLE HOLLANDAISE

87 — *Petit portrait de femme coiffée d'un bonnet blanc.*

ÉCOLE HOLLANDAISE

88 — *Tête d'homme.*

ÉCOLE HOLLANDAISE

89 — *Un mendiant.*

ÉCOLE FRANÇAISE

90 — *Chat et poissons.*

ÉCOLE ITALIENNE

91 — *Le couronnement de la Vierge.*

ÉCOLE ITALIENNE

92 — *Sujet mythologique.*

Projet pour un plafond.

ÉCOLE ITALIENNE

93 — *Diogène.*

ÉCOLE VÉNITIENNE

94 — *Combat naval.*

Grisaille.

ÉCOLE ALLEMANDE

95 — *Portrait de femme.*

ÉCOLE MODERNE

96 — *Femme, les mains jointes.*

97 — *Sous ce numéro, quatre tableaux : portrait et études.*

98 — *Sous ce numéro, les tableaux non catalogués.*

99 — *Sous ce numéro, qui sera divisé : trente-cinq dessins ou aquarelles, par Andrieux, Bentabole, Charlet, L. David, Deveria, Th. Fort, Hervier, Penguilly, Raffet, etc., etc.*

100 — *Deux dessins à la sanguine : Tête de femme et tête d'enfant.*

101 — *Beau christ en ivoire, dans un cadre style rocaille.*

102 — *Buste de jeune femme. Terre cuite du temps de Louis XVI.*

103 — *Argenterie, plaqué.*

104 — *Bijoux.*

105 — *Objets d'étagère, Saxe, bronzes, armes, pendules, lustre, linge et garde-robe, literie, cristaux, verrerie, porcelaine.*

106 — *Vins fins et liqueurs.*

IMPRIMERIE D. DUMOULIN ET Cⁱᵉ
rue des Grands-Augustins, 5, Paris.

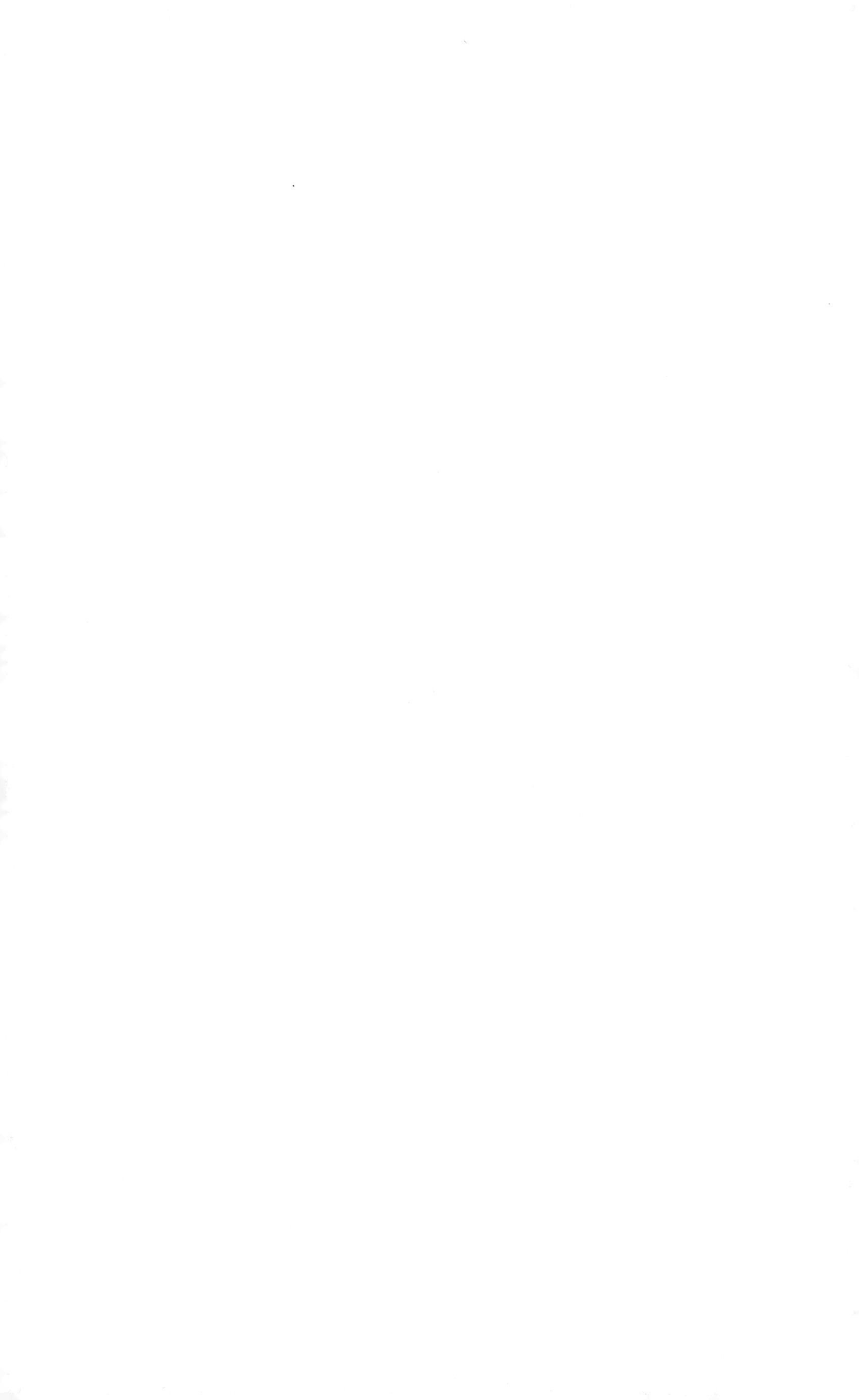